AF224430

Habitant de l'Ile Mendose

PRÉCIS

HISTORIQUE ET VÉRITABLE

DU SÉJOUR

DE JOSEPH KABRIS,

NATIF DE BORDEAUX,

Dans les îles de Mendoça, situées dans l'Océan Pacifique, sous le 10ᵉ degré de latitude sud, vers le 240ᵉ degré de longitude.

Six mois après la malheureuse affaire de Quiberon, je m'embarquai sur un vaisseau anglais pour la pêche de la baleine dans la mer Pacifique. Notre navigation fut heureuse jusque dans les parages des îles de Mendoça. Après avoir pêché six baleines, notre capitaine

profita d'un moment de grand calme pour ré-
galer l'équipage avant le travail du dépeçage.
Au milieu de notre repas, toutes nos voiles
étant tendues, il vint tout à coup du nord un
vent si furieux qu'il brisa tous nos mâts. La
mer devenant très-orageuse, aidés du vent,
nous dirigeâmes notre marche vers une terre
que nous apercevions à dix lieues environ.
Lorsque nous fûmes arrivés à près de trois
lieues de cette terre, notre vaisseau, jeté par
la violence des vagues sur un rocher sous-
marin, s'y brisa en un instant, et s'engloutit
sans nous donner le temps d'avoir recours aux
chaloupes. Je me jetai à la nage pour m'em-
parer d'une partie des débris du pont, sur lequel le cuisinier de l'équipage s'élança pres-
qu'aussitôt que moi, et s'attacha fortement, ne
sachant pas nager. Malgré la violence des vagues qui nous rapprochaient et nous écartaient
alternativement de terre, je dirigeai seul à la
nage ce radeau vers l'île de Sainte-Christine,
la plus grande des îles de Mendoça, où nous
abordâmes par un temps plus calme, vingt-
quatre heures après notre naufrage, épuisés de
soif, de faim et de fatigues, et brûlés par le
soleil le plus ardent, qui réduisait très-promp-

tement en sel l'eau qui se déposait sur les parties de notre corps hors de la surface de la mer.

Abordés sur un rocher, nous y prîmes peu de repos, tant la soif nous tourmentait ; et, après avoir rendu grâces à Dieu de notre délivrance, nous avançâmes dans les terres, où nous rencontrâmes bientôt deux hommes allant à la pêche, qui furent très-surpris de notre rencontre, et nous pareillement de la leur, en voyant leurs figures et leurs corps nus tatoués dans toutes les parties. Après leur avoir fait connaître nos besoins, pendant qu'ils nous considéraient avec beaucoup d'attention en tournant autour de nous, ils nous prirent chacun par la main pour nous engager à les suivre, ce que nous fîmes sans difficulté, mais non sans défiance.

Nous gravîmes avec eux une montagne escarpée à travers des chemins étroits et bordés de précipices, où ils marchaient avec beaucoup d'assurance, pendant que nous avions une peine infinie à tenir pied, même en nous aidant de nos mains. Par pitié pour nous, et pour nous soulager, ils nous chargèrent sur leurs épaules, et nous transportèrent ainsi avec beaucoup d'agilité toute la partie la plus dangereuse de cette route.

Arrivés au-dessus de la montagne , ils nous montrèrent dans la plaine opposée à la mer, une forêt d'arbres très-élevés , sous lesquels leurs habitations sont placées à l'abri du soleil ardent de ce climat.

La première habitation dans laquelle nos guides nous firent entrer, fut celle du chef ou roi de la nation, qu'ils appellent *quaitenouïy*. Il était absent, et assitait à des danses et des jeux qui se célébraient près de quelques habitations éloignées.

Nous restâmes seuls le peu de temps que nos guides employèrent à annoncer notre arrivée, dont le bruit interrompit les danses; et dans un instant l'habitation du quaitenouïy fut remplie de femmes qui se succédaient pour nous considérer sur toutes les faces, en nous faisant tourner de droite et de gauche, et d'hommes qui ne cessaient de nous pincer la peau pour nous tâter, ce qui, tout en nous déplaisant beaucoup, nous faisait craindre d'être destinés à être mangés.

A l'arrivée du quaitenouïy, nous cessâmes d'être tourmentés. Il nous traita avec bienveillance, en nous prononçant quelques mots de mauvais anglais, ce qui nous fit grand plaisir. Après lui avoir fait connaître nos besoins, il nous fit conduire à une petite rivière où nous nous désaltérâmes tout à notre aise ; et à notre retour dans l'habitation du quaitenouïy, en attendant que l'on nous servît du cochon que l'on nous faisait griller, et des fruits pour notre repas, nous fûmes entourés de femmes qui ne cessèrent de chanter de joie de nous voir....

Notre repas fait, le quaitenouïy nous promena dans la forêt au milieu des habitations, où, malgré ses ordres, nous éprouvâmes, de la part des hommes et des femmes, les mêmes importunités dont j'ai parlé, mais sans les mêmes craintes, ayant été rassurés par les discours du quaitenouïy, qui nous ramena vers son habitation, où il nous indiqua à chacun une cabane pour nous reposer et une femme pour nous servir.

Pendant quatre mois environ, nous avons été traités par ces insulaires avec beaucoup d'égards et de soins. A cette époque, le quaitenouïy nous engagea à nous faire tatouer par-tout le corps, ce qui, chez ces peuples, est le signe de la virilité, les enfans ne pouvant l'être avant douze ou quatorze ans, et les femmes ne l'étant que sur les lèvres, le bas des oreilles et les extrémités des pieds et des mains.

Cette cérémonie nous fut faite par un insulaire, qui se servit pour cela de plusieurs espèces de pattes à rayer du papier de musique, faites en bois de bambou ou d'os de poisson, dont les pointes sont extrêmement aiguës, refouillées sur une face pour recevoir le jus d'une herbe que l'on introduit entre cuir et chair, à l'aide de piqûres, et qui donnent à tous les dessins une couleur d'un bleu pareil au tournesol.

Après cette cérémonie, qui nous incorporait à cette nation, nous fîmes choix chacun d'une femme, que nous épousâmes suivant l'usage de ces insulaires, qui consiste simplement dans la demande agréée des parens de la femme, que terminent un repas et des danses où l'on invite les parens et les voisins.

L'île de Sainte-Christine, que ces peuples appellent *Nou-Kahiva*, contient dix nations ou peuplades qui habitent chacune un canton particulier de l'île. Les autres îles environnantes contiennent également plusieurs nations. Chacune de ces peuplades compte deux à trois mille individus , dont les hommes et les femmes sont tous tatoués de la même manière.

Ces peuplades sont fréquemment en guerre, soit avec une peuplade de la même île , soit avec une peuplade d'une île voisine. Dans le dernier cas , les expéditions militaires se font à l'aide de grands canots , dont les plus grands peuvent contenir jusqu'à près de soixante-dix hommes. Ces canots sont faits d'un seul tronc d'arbre dont le diamètre est de sept à huit pieds, et dont les bords sont rehaussés par des planches entretenues par des liens faits de branches d'arbres que l'on fixe avec des os de poissons pour chevilles.

Les hommes, à la guerre, se parent de leurs effets les plus précieux : leurs armes consistent dans la fronde et le javelot, dont ils se servent avec beaucoup d'adresse. L'extrémité de leurs javelots est faite d'un os de poisson plat de la longueur de six pouces environ, et percé d'une infinité de trous, pour qu'il se brise dans le corps qu'il atteint, et enfin de la massue, dont l'extrémité est taillée de chaque côté en quatre pointes de diamant.

Chaque peuplade porte à la guerre un étendard de la couleur qu'il a adoptée. Celui de la peuplade dont j'ai fait partie est blanc.

Le premier prisonnier fait à la guerre est traîné dans le camp la corde au col. On lui coupe, la tête, que l'on porte au bout d'une pique, pour servir d'étendard et pour narguer l'ennemi qui n'a pu obtenir ce premier succès. La guerre se termine ordinairement par une seule bataille où ces hommes se battent avec le plus grand courage et le plus grand acharnement.

Après la bataille, on mange les prisonniers, dont les yeux, la cervelle et les joues leur paraissent un met délicat. On met les têtes à part pour construire, en forme de voûte, une espèce de temple qu'ils appellent *maraïe,* dont les têtes forment la châpe intérieure. On remplace les yeux de chaque tête par des coquilles blanches, sur le milieu desquelles on assujettit une autre petite coquille noire pour former la prunelle. Toutes ces têtes sont enfilées, comme des grains de chapelets, par des tiges de bambous.

Ces temples, dont la construction emploie chacun de trois à quatre mille têtes pour être portés à leur perfection, sont sacrés. L'entrée en est interdite aux femmes, aux enfans et aux hommes qui n'ont point encore été à la guerre.

Pour guérir les blessés, on lave leurs plaies avec beaucoup de soins ; on les recouvre d'une herbe dont les feuilles sont très-larges, et que l'on maintient par des bandes de toile, qui cicatrisent leurs plaies en très-peu de jours.

L'habitation de chaque insulaire est établie dans le milieu de la portion de forêt qu'il se choisit et dont les fruits des arbres doivent lui servir de nourriture. Au besoin, il a recours aux fruits des arbres de la partie de forêt qui n'est occupée par personne.

Chaque habitation est un carré long de dix pieds sur cinq ou six de large, et huit à dix de hauteur, construite à un seul égout, avec des branches d'arbres et feuillages, ayant une ouverture pratiquée dans le milieu de la grande partie tournée vers le soleil, pour en rendre l'intérieur moins obscur.

Ces insulaires vivent des fruits de l'arbre à pain qu'ils appellent *maïe*, du cocotier qu'ils appellent *daïysi*, de poissons qu'ils appellent *naïka*, qu'ils mangent crus, et d'une race de petits cochons, de chiens, de chats, et de rats qu'ils désignent sous le nom de *pourko*.

Les rats de ces îles sont blancs et n'habitent que les montagnes.

Ils pêchent le poisson à la ligne et au filet, en faisant usage de petits canots dans lesquels dix hommes peuvent entrer.

Ils ne cultivent aucune plante légumineuse. Ils n'accordent leurs soins qu'aux arbres à fruits, dont ils entretiennent les plantations, et à celui d'un arbre qu'ils appellent *déhontey*, espèce de grand pin dont la pelure leur sert à faire des morceaux de toile. Cette pelure est très-épaisse. Après l'avoir mis tremper dans l'eau pendant trois ou quatre jours, ils l'étendent à volonté sur une pierre lisse, où elle s'élargit et s'alonge en la frappant d'abord avec un morceau de bois plat, puis avec un pareil morceau de bois, mais cannelé, pour lui donner une forme gauffrée.

Les instrumens dont ils se servent pour leurs travaux industriels, sont la hache, qu'ils appellent *toekitoué*, faite d'une pierre tranchante qu'ils attachent à un morceau de bois; le couteau et le rasoir, qu'ils appellent *cohaie*, qu'ils font avec des os d'homme ou de poisson, ou des morceaux de bambous qu'ils taillent en lames très-aiguës.

Ces peuples éprouvent, tous les trois ou

quatre ans, des disettes causées par les cha-
leurs, qui sont quelquefois si excessives qu'elles
dessèchent les feuilles et les fruits des arbres,
et contraignent les poissons à se retirer dans
le fond de la mer. Ces insulaires alors se battent entr'eux au moindre sujet de dispute, et
s'égorgent pour se manger même entre parens.
Ce fut à l'époque d'une de ces disettes que je
répudiai ma première femme, dont je n'eus
point d'enfans, pour avoir, aidée de ses frères
et sœurs, mangé sa mère et m'en avoir pro-
posé; et qu'alors j'épousai une des filles du
quaitenouïy, chef ou roi de la peuplade dont
je faisais partie. Mon mariage avec cette seconde
femme, que je charmai par mes manières et
par la facilité avec laquelle je faisais des instrumens et des objets de décoration, se fit avec
beaucoup d'appareil et de fêtes qui durèrent
pendant neufs jours. J'ai eu de cette seconde
femme deux garçons, à la naissance desquels
j'ai donné un repas à mes parens et voisins,
suivant l'usage de ces peuples en pareille
occasion.

Hors les temps de disette ou de guerre,
ces insulaires sont très-humains, et traitent
avec beaucoup d'égards les étrangers qui peu-

vent, en toute sûreté, traverser les territoires et camps des peuples en guerre. Ils aiment beaucoup la danse et la musique.

Leurs instrumens sont le tambourin, une sorte de flûte qu'ils font raisonner avec le vent des narines, et de petits bois qu'ils frappent l'un contre l'autre avec mesure et mouvemens reglés. S'ils n'ont point d'instrumens, ils battent la mesure des mains en les agitant de toutes sortes de manière. Pour faire de la musique, ils s'asseyent en rond, les jambes croisées. Le tambourin forme un point rentrant de la circonférence du cercle : près de lui sont de chaque côté les joueurs de flûte, et après ceux qui battent la mesure avec de petits bois.

La parure des hommes consiste en une calotte unie d'écailles de tortue, que l'on fixe sur la tête avec des os de poisson que l'on fait entrer dans la chevelure, nöuée par un morceau de toile. Cette calotte est percée de trous pour la garnir de plumes de diverses couleurs ; en une barbe épaisse et longue remplie de dents de poissons ; en une ceinture de toile très-longue qui leur serre les reins, et dont les extrémités pendent l'une sur le devant et l'autre passe par derrière entre les cuisses ; en

un manteau fait d'écorces d'arbre, et enfin en
un grand nombre de tresses faites de cheveux
des hommes tués à la guerre. Les hommes
portent très-peu de cheveux, étant rasés sur
le milieu de la tête, du front à la nuque, sur
une largeur de deux pouces environ, et sur
ses côtés dans toute la partie au-dessous du
niveau des yeux.

Le roi où quaitenouÿ, dont l'autorité est
héréditaire, n'est distingué des autres hommes
que par la grandeur de sa calotte d'écailles de
tortue, qui est découpée et ciselée, et par un
collier de perles auquel pend une espèce de
grand hausse-col garni de pierres et coquillages.

La parure des femmes consiste en un petit
tablier d'écorces d'arbre, qui descend à demi-
cuisse; en un mouchoir qu'elles mettent sur
la tête; en des pendans d'oreille faits d'é-
cailles de nacre de perles et de plusieurs col-
liers de perles, de fleurs et de fruits secs et
odorans qui ressemblent à des petits concom-
bres, et enfin en un manteau pareil à celui
des hommes.

Ces peuples, sans principes de religion, ont
pourtant quelques pratiques superstitieuses.

Au commencement de leurs repas, il prennent un morceau de leur manger qu'ils jettent derrière eux, par-dessus la tête, pour en faire don au soleil.

C'est un grand crime à leurs yeux de répandre de l'eau sur le sol de l'intérieur de leur habitation. Quand ce malheur arrive, ils changent la terre et les pierres mouillées.

Ils sont sujets à une espèce de fièvre qui leur dure quinze ou vingt jours, et dont ils imaginent guérir par les sortiléges de quelques-uns d'entr'eux, qui passent pour sorciers ou médecins, auxquels ils font des cadeaux qui consistent dans une arme, un outil, un vase de coco, des plumes, des coquillages et autres choses de cette espèce.

Les guerres étant fréquentes, les hommes y meurent rarement vieux. Quand un homme meurt de vieillesse, il est estimé saint. On expose son corps au soleil, attaché à un pieu, en l'enduisant d'huile de coco, pour l'empêcher de se gâter. Quand il est bien sec, on le met dans un cercueil de bois, que l'on place sur un arbre à pain, qui devient son mausolée, et dont on ne mange plus les fruits ni de ceux des arbres qu'il protège de son ombre. Le jour du placement de son cercueil, ses parens, pour honorer sa mémoire, s'asseyent au pied de l'arbre pour le pleurer, et se font sur la figure, le corps et les bras, des incisions pour en laisser couler du sang dont ils ne lavent et guérissent les plaies qu'au bout de trois jours.

J'ai vécu neuf ans dans ces îles, heureux et content, y manquant très-rarement des choses nécessaires à mon existence ; la guerre, la seule des peines que j'y éprouvais , étant plus dangereuse que longue et fatigante. Pendant mon séjour, il passa un bâtiment hollandais avec lequel je fis divers échanges, et dont le capitaine m'engagea à revenir en Europe; ce que je refusai, me trouvant parfaitement heureux dans ces îles, où je serais encore, si le capitaine russe Krusenstern, qui aborda dans ces îles pour y prendre des rafraîchissemens et y faire quelques échanges, ne m'avait de vive force retenu sur son bord pour me conduire à St.-Pétersbourg, et me présenter à l'empereur Alexandre, qui m'a comblé de ses bienfaits.

Rédigé par Mr A. F. Dulys, d'après les renseignemens fournis par Mr J. Kabris, qui déclare le présent ,sincère et véritable.

De l'Imprimerie de J. G. Dentu.

www.ingramcontent.com/pod-product-compliance
Lightning Source LLC
Chambersburg PA
CBHW061617050726
47595CB00007B/2998